Noha Baz

Le Kaak
la saga sucrée salée du levant

Texte et recettes : Noha Baz
Illustration : Florence Cointreau

Les petits soleils

La petite histoire dans l'histoire

Il arrivait à 15:55 exactement cinq minutes avant la sonnerie de la fin des cours. Tréteaux à la main et tête haute coiffée d'un plateau chargé des galettes du goûter.

C'était l'événement exceptionnel qui rythmait nos longues journées d'école dans cette école privée de filles dont les murs nous tenaient à l'abri de l'agitation de Beyrouth.

Une fois le plateau bien calé, il disposait deux petits sacs en papier, l'un rempli de sumac, l'autre de Zaatar vert bien parfumé.

Nous arrivions en courant, pièce de 10 centimes à la main ; yeux et papilles déjà émerveillés du régal annoncé. Les parfums de la galette joufflue encore tiède parsemée de sésame et laquée d'un givre sucré était la récompense de la journée et la consolation de celles qui restaient pour l'étude du soir. Cette récréation gourmande bienvenue rythmait notre apprentissage entre la petite Fadette, les cours de piano et la danse.

La "Kaak Asrounieh " (la galette du goûter) apportait avec elle les parfums des souks de Beyrouth. Délicatement laquée d'un soupçon de sucre qui épousait le sésame grillé, elle incarne, une fois de Zaatar garnie, un goût de paradis.

Histoires et saveurs levantines

Témoin fidèle de diverses traditions multiples, l'histoire du kaak est profondément enracinée dans les traditions culinaires du Moyen-Orient, et sa préparation est un rituel important lors des festivités, apportant un goût de l'ancien monde à travers les siècles.

Le mot "kaak" vient de l'arabe "كعك" (ka'k), qui signifie simplement « biscuit » ou « gâteau ».

Ces biscuits sont préparés de différentes manières selon les régions, mais ils partagent tous des caractéristiques similaires : ils sont souvent ronds simplement parfumés d'épices et décorés de motifs, se consomment nature à tous les moments de la journée comme ils peuvent également être farcis avec des dattes, ou des noix.

Kaak Kaak d'où viens-tu ?

Symbole d'hospitalité et de convivialité, le Kaak était couramment offert aux invités et servi lors d'événements sociaux.

Son histoire est profondément enracinée dans les traditions culinaires du Moyen-Orient et sa préparation, un rituel important lors des festivités, apportant un goût de l'ancien monde à travers les siècles.

Le Kaak serait en effet originaire de l'Égypte ancienne où son histoire est indissociable de celle du pain. Officiellement l'invention du pain est attribuée aux Égyptiens, qui en auraient fait la découverte par hasard. La légende raconte qu'une pâte à pain sans levain (eau, lait et farine d'orge et de millet) fut oubliée dans un bol et se serait « gâtée » et aurait levé en fermentant et en faisant des bulles. La petite histoire dans l'histoire raconte que les Égyptiens pétrissaient leur pâte avec de l'eau du Nil riche en micro-organismes favorisant la fermentation. Dans cette eau, on retrouve en fait les fameux « saccharomyces cerevisiae » composants de la levure de boulanger. Afin de ne pas perdre cet aliment, il fut ordonné de le cuire. Le pain, tel que nous le connaissons jusqu'aujourd'hui en galettes plates dites pain pita était né.

Initiés par les Égyptiens, les Grecs améliorent les techniques de mouture des diverses céréales et obtiennent des farines plus fines. Propagateurs, les Grecs font partager leur goût et leur science du pain aux Romains.

La conquête de l'Islam devait apporter par la suite le sucre dans ses bagages et le pain devint encore plus gourmandise.

Sa pâte fut travaillée en formes multiples et goûts plus sophistiqués. Laqué de sucre, de grains de fenouil et d'anis, saupoudré de nigelle, les variétés de Kaak se multiplient. Les recettes transmises au fil du temps se perpétuent gracieusement jusqu'aujourd'hui.

Pour ce qui est du Kaak dont les recettes les plus simples sont faites des mêmes ingrédients et suivent également le processus de pétrissage et de levée de pain, beaucoup de recettes dégustées aujourd'hui ont été retrouvées dans les hiéroglyphes et étaient déjà préparées pour accompagner toutes sortes de célébrations. C'est surtout sous l'empire ottoman que les recettes se sont ensuite largement diversifiées et popularisées, s'intégrant dans les cultures culinaires des régions de l'empire. Ces régions ont ainsi développé leurs propres versions de Kaak, utilisant des ingrédients locaux. Des variations sucrées et salées se sont ainsi multipliées, souvent parfumées avec des épices comme le cumin, le carvi, l'anis ou la nigelle.

Le Kaak à travers le monde arabe :

Au Levant : En Syrie, au Liban, en Jordanie et en Palestine, le Kaak est souvent une pâte briochée ou un pain sucré en forme de couronne ou de bagel, parsemée de graines de sésame. Il peut être servi nature ou avec du sucre glace.

Le Kaak plus qu'un simple aliment est également un symbole de générosité et d'hospitalité dans le monde arabe. Par exemple, en Égypte, les pâtissiers vendent souvent des kaaks lors des fêtes religieuses, notamment pendant l'Aïd al-Fitr, où les familles s'échangent des pâtisseries pour marquer la fin du jeûne.

Il y a autant de variétés de Kaaks que de célébrations.

Chacune de ces variétés adaptées à diverses occasions festives et culturelles va vous raconter une coutume, une région, un savoir-faire et vous faire goûter à une tradition.

Pour explorer la saga sucreé salée du Kaak, il existe deux thématiques :

1/ La consistance

Les Kaaks tendres à pâte souple : délicieux à consommer lorsqu'ils sont confectionnés du jour, ils vont garder leur parfum et leur saveur juste quelques jours.

Les Kaaks à pâte dure confectionnés avec un temps de cuisson plus long, vont se conserver plusieurs mois.

2/ Le goût

Les sucrés et les salés avec leur large éventail de variétés.

J'ai choisi les recettes les plus emblématiques du Levant tout en sachant qu'un large éventail de possibilités suivant les multiples régions peut venir enrichir les recettes. Les nombreuses coutumes familiales de cette région du monde viendront ajouter un soupçon d'épices, une saveur particulière que je laisse à la créativité et au talent de tout un chacun .

Les Kaaks tendres

Ce sont ces Kaaks qui arpentent les ruelles du vieux Beyrouth en particulier le long de la corniche, étalés en rangs serrés sur des charrettes poussées à bout de bras par des marchands ambulants chantonnant de joyeux refrains.

Ces refrains qui nous ont bercés avant la guerre et qui continuent même si, bien plus rares, à le faire aujourd'hui. Ces Kaaks sont délicieusement croquants nature mais ils peuvent également être fendus en deux et tartinés selon l'envie du jour de divers fromages, de Zaatar ou de haleweh.

Ils sont encore quotidiennement façonnés dans quelques rares fours à Beyrouth mais vous pouvez très facilement les reproduire à la maison.

Kaak asrouni

Pour 10 grandes pièces ou 15 pièces moyennes

Ingrédients

350 G **FARINE DE BLÉ T55 TAMISÉE DEUX FOIS**

150 G **FARINE DE BLÉ COMPLET**

100/125 ML **EAU TIÈDE**

1 c. à café **SEL FIN**

3 c. à soupe **SUCRE CRISTAL BLANC**

1 c. à soupe **LEVURE BOULANGÈRE SÈCHE**

1 c. à soupe **HUILE D'OLIVE**

1 c. à café **MAHLAB *(ÉPICE FACILE À TROUVER DANS LES ÉPICERIES ORIENTALES)**

Préparation

I. Posez sur un plan de travail les farines en fontaine. Incorporez-y la levure et l'eau tiède, rajoutez le sucre et le mahlab et commencez à pétrir.

Rajoutez ensuite l'huile d'olive et petit à petit l'eau et le sel puis commencez à pétrir.

2. Lorsque la pâte devient souple, couvrez-la d'un linge et mettez à lever pendant 45 minutes.

3. Retravaillez la pâte fermement puis laissez-la encore lever 45 minutes.

4. Découpez ensuite la pâte en une dizaine de boules d'environ 50 g chacune.

5. Étalez chaque boule au rouleau à pâtisserie en une forme ovale et avec un petit cercle, évidez au haut de la galette un rond de façon à former une anse. Détachez le rond et réservez-le de côté puis humectez les portions d'eau fraîche et parsemez du mélange sésame son pointé de sucre le reste de sésame torréfié et la pâte dans un récipient d'eau puis déposez sur une plaque de cuisson.

6. Laissez reposer 30 minutes puis cuisez à 210 degrés pendant 15/20 minutes jusqu'à ce que les Kaaks ressortent bien gonflés avec une belle couleur dorée.

Irrésistibles encore chauds ils le sont encore facilement deux jours après.

Les recettes de Kaaks sont très nombreuses au levant. Elles varient également d'une maison à l'autre et il y a autant de variations que de célébrations.
Voici les plus emblématiques en saveurs sucrées et salées.

Sucrés
. Kaak au lait / Kaak bi halib
. Kaak aux dates / Kaak bi tamr
. Kaak a l'anis tradition / Kaak bi yansoun
. Kaak des fêtes / Kaak el Eid
. Kaak el Abass
. Kaak sésame et tahini (crème de sésame)
. Ghraybeh
. Kaak bi laouz / Lunes aux amandes
. Kaak à l'orange /Kaak bi Laymoûn
. Kaak el cham / Barazeks
. Kaak eid el kbir / Maamouls

Salés
. Kaak bi Zaatar / Kaak au Zaatar
. Kaak bi jebneh / Kaak au fromage

La saga du Levant : petit tour du Levant en Kaak divers
. Kaak asfar / Kaak doré nigelle curcuma comme à Alep
. Kaak el Quds / Kaak de Jérusalem
. Kliga d'Alep / Kaaks Pains d'épices

Les Kaaks sucrés

Kaak bi halib
Kaak au lait du goûter

Pour une vingtaine de galettes ou Kaaks

Ingrédients

500 G **FARINE BLANCHE TAMISÉE**

200 ML **LAIT FRAIS ENTIER**

150 G **SUCRE EN POUDRE**

25 G **BEURRE MOU**

1 c. à café **LEVURE CHIMIQUE OU BAKING POWDER**

1 c. à café **MAHLAB**

1 c. à café **NOIX DE MUSCADE RÂPÉE MINUTE**

1 **GROS CRISTAL DE MASTIC DE LENTISQUE OU MESKEH ÉCRASÉ AVEC 1 C. À CAFÉ SUCRE GLACE**

1 sachet **LEVURE DE BOULANGER LYOPHILISÉE**

Préparation

1. Faites tiédir 75 ml de lait avec une cuillère à soupe de sucre et ajoutez-y la levure puis laissez reposer une demi-heure.

2. Chauffez doucement le reste du lait en y faisant   fondre le sucre.

3. Mettez la farine en fontaine avec les épices, rajoutez le lait tiédi, la cuillère de lait mélangée à la levure et le beurre.

4. Commencez à pétrir pour bien incorporer tous les ingrédients, couvrez et laissez la pâte reposer une à deux heures.

5. La pâte est prête lorsqu'elle a doublé de volume. Retravaillez-la en chassant les bulles et en la pétrissant légèrement.

6. Étirez la pâte et formez des petits anneaux. Posez sur une feuille de cuisson et laissez encore reposer une demi-heure.

7. Cuisez à feu doux 15 minutes à 180° C ou thermostat 6.

Une variante agréable consiste à rajouter également à la pâte, une cuillère à café d'anis vert moulu et une cuillère à soupe d'eau de rose.

Kaak bi tamr
Kaak aux dattes

Pour X Kaaks

Dans les ruelles des vieux souks de Saida et de Tyr, ces Kaaks qui fleurent bon le sud Liban viennent à votre rencontre par charrettes entières, parfumant délicatement les voûtes dès l'aube. Elles sont irrésistibles à toute heure de la journée.

Ingrédients

POUR LA PÂTE :

450 G **FARINE**

200 G **BEURRE FONDU**

2 c. à soupe **SUCRE**

½ c. à café **LEVURE SÈCHE**

½ tasse **EAU TIÈDE**

¼ c. à café **SEL**

½ c. à café **CARDAMOME MOULUE**

½ c. à café **ANIS MOULU**

1 c. à café **EAU DE FLEUR D'ORANGER**

POUR LA FARCE AUX DATTES :

300 G **PÂTE DE DATTES**

1 c. à café **CANNELLE**

2 c. à soupe **BEURRE FONDU**

1 c. à café **CARDAMOME MOULUE**

Préparation

1. Préparez d'abord la pâte : Dans un bol, mélangez la farine, le sucre, la cardamome, l'anis et le sel. Ajoutez le beurre fondu et mélangez-le bien avec la farine jusqu'à obtenir une texture sableuse.

Dans un autre bol, faites dissoudre la levure dans l'eau tiède. Versez-le mélange dans la farine et ajoutez un peu d'eau de fleur d'oranger. Pétrissez jusqu'à obtenir une pâte souple. Couvrez et laissez reposer pendant 1 heure.

2. Préparez la farce : Mélangez la pâte de dattes avec le beurre fondu, la cannelle et la cardamome.

3. Façonnez des petites boules de pâte de dattes. Une fois la pâte bien reposée, découpez-la en portions de 50 g chacune environ et commencez à préparer les Kaaks.

4. Prenez une petite boule de pâte, aplatissez-la et étalez une petite boule de pâte de dattes à l'intérieur. Vous pouvez soit utiliser un moule en bois spécial pour façonner le Kaak, soit enrouler la pâte autour de la farce et former un anneau dont vous comprimerez bien les bords.

5. Préchauffez le four à 180°C. Placez les Kaaks sur une plaque de cuisson recouverte de papier sulfurisé et laissez-les reposer 20 minutes

6. Cuisez pendant environ 15-20 minutes, jusqu'à ce qu'ils soient légèrement dorés. Laissez refroidir avant de servir.

Conservez dans une boîte métallique ou un récipient hermétique. Ces petits Kaaks se gardent facilement un mois.

Kaak à l'anis tradition
Kaak bi yansoun

Pour environ 30 petits Kaaks

Goûts d'enfance et réminiscences de parfums enivrants de retours d'école et de goûters joyeux. L'anis au Liban et plus largement au Levant est un allié de beaucoup de petits maux et ses vertus digestives et apaisantes sont largement reconnues. Il est à la base de la première tisane que l'on offre à une jeune maman après un accouchement et l'allié de toutes les mamans pour soulager les coliques du nourrisson. C'est dire si l'enfance est dès son premier jour baignée de ces parfums.

Ingrédients

375 G **FARINE DE BLÉ**

125 G **SUCRE BLANC EN POUDRE**

1 c. à soupe rase ou 1 sachet **LEVURE CHIMIQUE**

200 ML **LAIT TIÈDE**

40 G **BEURRE CLARIFIÉ** ou 40 ml **HUILE D'OLIVE (LES DEUX VERSIONS SONT DÉLICIEUSES !)**

1 c. à soupe **ANIS VERT EN GRAINS**

½ c. à café **ANIS VERT MOULU**

2 c. à soupe **SÉSAME BLANC TORRÉFIÉ**

Préparation

1. Dans un grand bol déposez d'abord les ingrédients secs : la farine, l'anis en grains, l'anis moulu, la levure chimique et le sucre. Remuez bien.

2. Rajoutez 150 ml de lait tiède en mélangeant petit à petit puis rajoutez le beurre ou l'huile et laissez reposer une heure.

3. Reprenez la pâte si elle est un peu dure et rajoutez de nouveau un peu de lait si nécessaire.

4. Remuez bien jusqu'à ce qu'elle soit bien souple.Laissez reposer de nouveau pendant une heure puis façonnez en boudins puis en bracelets.

5. Tapissez une plaque d'un papier cuisson. Déposez les bracelets en gardant deux centimètres entre deux portions.

6. Cuisez à 180° C (th 6) 15 minutes jusqu'à ce qu'ils soient bien dorés.

7. Laissez refroidir et conservez dans une boîte en fer hermétique.

Une version plus gourmande était celle que l'on faisait à la maison et qui consistait à badigeonner les bracelets au pinceau avec un mélange lait tiède puis à les plonger dans le sésame torréfié avant de les faire cuire.

Ils ressortaient ainsi plus dorés et plus gourmands !

Kaak el Eid

Pour X Kaaks

Le mot Eid en arabe signifie fête et il y a autant de recettes de cette variété que de fêtes au calendrier. Elles sont très nombreuses au Levant suivant les rites et les traditions.
En voici une simple à réaliser et surtout bien parfumée.

Ingrédients

POUR LA PÂTE :
500 G **FARINE**
200 G **BEURRE**
2 c. à soupe **SUCRE**
½ tasse **LAIT TIÈDE**
½ c. à café **LEVURE SÈCHE**
½ c. à café **MAHLAB**
¼ c. à café **SEL**
½ c. à café **CARDAMOME MOULUE**
1 **GROS CRISTAL DE LENTISQUE PILLÉ AVEC UNE C. À CAFÉ DE SUCRE GLACE**

Préparation

1. Préparez la pâte : Dans un grand bol, mélangez la farine, le sucre, le sel, le mahlab, le lentisque et la cardamome. Ajoutez le beurre fondu et frottez-le avec la farine jusqu'à ce que cela devienne sableux.

2. Dissolvez la levure dans le lait tiède et ajoutez-le à la pâte. Mélangez bien et laissez reposer pendant 1 à 2 heures.

3. Reprenez la pâte, pétrissez-la et commencez à façonner les Kaaks. Vous pouvez utiliser un moule spécial ou alors prenez une boule de pâte, aplatissez-la au rouleau et découpez des formes à l'emporte-pièce.

4. Préchauffez le four à 180°C. Enfournez les Kaaks pendant 15-20 minutes, jusqu'à ce qu'ils soient légèrement dorés.

Kaak el Abbas

Pour X Kaaks

Symbole de paix, de fraternité et de partage : le Kaak el-Abass, est distribué lors de la fête de la Achoura aux voisins, parents et amis, offerts par paniers entiers aux pauvres et aux enfants démunis.

C'est une pâtisserie libanaise confectionnée à la mémoire de l'Imam Hussein, mort en martyr au VIIe siècle.

La légende raconte que la première fois qu'il l'a goûté au début du siècle dernier, Abbas le gouverneur ottoman de la région du Sud Liban a été transporté de bonheur. Depuis, le petit gâteau porte son nom et il est de toutes les fêtes. Aujourd'hui vous pouvez le trouver partout dans les boulangeries pâtisseries de la région de Tyr surtout, mais, fait maison il est tout simplement délicieux.

Ingrédients

3 verres **FARINE BLANCHE TAMISÉE**

2 verres **FARINE COMPLÈTE TAMISÉE**

150 G **LAIT ENTIER FRAIS OU DEUX CUILLÈRES À SOUPE DE LAIT EN POUDRE ENTIER DILUÉ DANS UN VERRE D'EAU**

100 G **SUCRE BLOND**

1 c. à café **LEVURE CHIMIQUE SOIT UN DEMI SACHET**

100 ML **EAU**

2 c. à soupe **GRAINES DE NIGELLE**

2 c. à soupe **FENOUIL MOULU**

2 c. à soupe **SÉSAME BLANC TORRÉFIÉ**

1 c. à soupe **ANIS VERT MOULU**

1 c. à soupe **MAHLAB**

1 c. à café **GINGEMBRE MOULU**

½ c. à café **SEL FIN**

1 c. à café **CURCUMA**

1 verre **HUILE D'OLIVE**

1 & ½ verre **EAU**

1 c. à soupe **LEVURE BOULANGÈRE INSTANTANÉE**

Préparation

1. Mélangez tous les ingrédients secs d'abord.

2. Rajoutez l'huile d'olive en pétrissant fermement la pâte puis l'eau en petites quantités à la fois.

3. Laissez reposer une heure.

4. Façonnez les petits gâteaux avec un moule spécial.

5. Cuisez à feu doux, à 150°C pendant 30 minutes.

Présentez avec un thé à la cardamome ou du café.

Kaak sésame et tahini (crème de sésame)

Pour une dizaine de Kaaks

Délicieusement fondants, moelleux à souhait et totalement addictifs, l'idéal est de les confectionner par petites quantités pour garder leur parfum intact.

Ingrédients

150 G **TAHINI (CRÈME DE SÉSAME)**

100 G **SUCRE BLOND**

1 **ŒUF ENTIER**

1 c. à café **EXTRAIT DE VANILLE**

1 c. à soupe **HUILE D'OLIVE**

½ c. à café **BICARBONATE DE SOUDE**

1 pincée **SEL**

150 G **FARINE BLANCHE À GÂTEAU TAMISÉE**

50 G **SÉSAME BLANC TORRÉFIÉ**

Préparation

1. Préchauffez votre four à 180°C. Recouvrez une plaque de cuisson de papier sulfurisé.

2. Dans un grand bol, mélangez le tahini, le sucre, l'œuf, la vanille et l'huile d'olive ou le beurre fondu. Mélangez bien jusqu'à obtenir une pâte lisse et homogène.

3. Ajoutez le bicarbonate de soude, le sel et la farine. Mélangez jusqu'à ce que tous les ingrédients soient bien incorporés à la pâte. Vous pouvez ajuster la consistance de la pâte en ajoutant un peu de farine si elle est trop collante, mais elle doit rester assez douce et légèrement collante.

À l'aide d'une cuillère à glace, formez des boules de pâte et déposez-les sur une plaque de cuisson chemisée d'un papier de cuisson en les espaçant légèrement pour les laisser s'épanouir pendant la cuisson.

4. Enfournez les Kaaks 10 minutes, ou jusqu'à ce qu'ils soient légèrement dorés sur les bords. Ils peuvent sembler encore un peu mous lorsqu'ils sortent du four, mais ils durciront en refroidissant.

Laissez-les refroidir sur la plaque pendant quelques minutes avant de les conserver dans un récipient hermétique et vous serez émerveillés à chaque dégustation !

Ghraybeh

Pour une dizaine de Kaaks

Leur couleur blanche et leur délicatesse présagent de leur fondant et de leur finesse, leur consistance et leur parfum vanillé sont une splendeur.

Ingrédients

250 G **BEURRE MOU**

180 G **SUCRE GLACE**

500 G **FARINE BLANCHE TAMISÉE**

1 pincée **SEL**

1 c. à café **EXTRAIT DE VANILLE PUR**

1 c. à café **LEVURE CHIMIQUE**

25 G **PISTACHES ÉCALÉES NON SALÉES**

Préparation

1. À l'aide d'un batteur électrique à vitesse maximale mélangez le beurre mou (ne pas le chauffer) et le sucre jusqu'à ce que le mélange blanchisse et soit homogène.

2. Ajoutez la vanille, la levure et une pincée de sel.

Ajoutez petit à petit la farine et continuez à battre énergiquement. Vous devez obtenir une pâte lisse et compacte.

3. Mettez la pâte à reposer au frigo environ une demi-heure, elle sera plus facile à travailler   ensuite.

4. Préchauffez le four à 180°C.

Sortez le mélange du frais et formez avec la pâte de petites boules.

5. Façonnez-les en anneaux, décorez chaque anneau d'une pistache écalée et disposez sur une plaque à four chemisée de papier cuisson.

6. Faites cuire 15 minutes.

Les Kaaks Ghraybeh doivent rester blancs dessus et très légèrement dorés en dessous.

Ils se conservent très bien pendant un mois dans une boîte hermétique.

Kaak bi laouz
Lunes aux amandes

Pour 30 petites lunes environ

Un délice traditionnel des montagnes libanaises dont la recette se transmet de générations en générations.

Ingrédients

300 G **FARINE BLANCHE TAMISÉE**

130 G **AMANDES EN POUDRE**

250 G **BEURRE MOU**

75 G **SUCRE BLANC EN POUDRE**

16 G **SUCRE VANILLÉ**

1 c. à café **EXTRAIT LIQUIDE DE VANILLE**

c. à café **EAU DE FLEUR D'ORANGER**

1 petite pincée **SEL**

100G **SUCRE GLACE**

Préparation

1. Mixez ensemble le sucre et la vanille en sachet et en extrait.

2. Dans un grand saladier, ajoutez le beurre mou et la poudre d'amandes. Mélangez soigneusement à l'aide d'une spatule jusqu'à obtenir une texture crémeuse.

3. Incorporez la farine et la pincée de sel. Mélangez délicatement à la main pour former une pâte homogène. Ne travaillez pas trop la pâte pour ne pas la rendre trop collante. Laissez-la reposer une heure au frais.

4. Préchauffez le four à 180°C. Formez des petites lunes à l'aide d'un moule et disposez-les sur une plaque recouverte de papier cuisson en gardant un espace entre deux portions .

5. Enfournez 12 minutes. Retirez ces petits Kaaks dès qu'ils commencent à dorer.

6. Laissez refroidir complètement sur une grille avant de les enrober délicatement de sucre glace.

Ces merveilles se conservent très bien deux semaines dans une boîte hermétique.

Kaak bi Laymoûn
Kaak à l'orange

Pour X Kaaks

Délicieuse spécialité des villages du sud-Liban, ces Kaaks seraient originaires de la ville de Jaffa ou Yafa et s'épanouissent à loisir partout où il y a des orangers.

Ingrédients

300 G **FARINE**

100 G **BEURRE FONDU**

80 G **SUCRE**

2 **ŒUFS**

1 **ORANGE (ZESTE ET JUS)**

1 c. à soupe **EAU DE FLEUR D'ORANGER**

1 sachet **LEVURE CHIMIQUE**

30 G **SUCRE GLACE POUR DÉCORER**

Préparation

1. Dans un grand bol, mélangez la farine, la levure chimique et le sucre.

2. Ajoutez le beurre fondu, les œufs, le zeste et le jus d'orange, ainsi que l'eau de fleur d'oranger.

3. Mélangez jusqu'à obtenir une pâte homogène.

Formez une boule de pâte, couvrez et laissez reposer pendant environ 30 minutes.

4. Préchauffez le four à 180°C. Sur une surface légèrement farinée, étalez la pâte et formez des petits boudins que vous façonnerez en petits bracelets. Vous pouvez également découper à l'aide d'un emporte-pièce les formes de votre choix.

5. Disposez les Kaaks sur une plaque de cuisson recouverte de papier sulfurisé et faites cuire pendant 20 minutes, jusqu'à ce qu'ils soient légèrement dorés.

6. Laissez refroidir, puis saupoudrez de sucre glace avant de servir.

Ces biscuits sont parfaits avec une bonne tasse de café cardamome.

Kaak el cham
Barazeks

Pour 30 pièces environ

Petits Kaaks biscuits sucrés emblématiques de la ville de Damas, leur parfum de sésame torréfié mêlé au beurre clarifié et aux pistaches est unique et vous emmène en une bouchée sur les pas des Omeyyades, dynastie royale dont la cuisine racontait le raffinement du 17ème siècle arabe.

Ingrédients

125 G **BEURRE CLARIFIÉ**

125 G **SUCRE GLACE**

375G **FARINE BLANCHE TAMISÉE**

125 ML **EAU**

1 c. à café **LEVURE DE BOULANGER SÈCHE**

½ c. à café **SEL**

2 c. à café **EXTRAIT DE VANILLE EN POUDRE**

1 c. à café **MAHLAB**

3 c. à soupe **MIEL LIQUIDE**

2 c. à soupe **GRAINES DE SÉSAME SALÉ TORRÉFIÉES**

25 G **PISTACHES ÉCALÉES ET EN LAMELLES NON SALÉES**

Préparation

1. Dans le bol d'un batteur, mélangez bien le beurre clarifié et le sucre jusqu'à ce que l'ensemble soit bien crémeux.

2. Tamisez la farine et la levure chimique et ajoutez-la au mélange beurre sucre avec une pincée de sel.

3. Battez jusqu'à ce que la pâte soit bien homogène, puis filmez la pâte et laissez-la reposer au froid pendant une trentaine de minutes.

4. Sortez-la et laissez-la à température ambiante pendant 20 minutes avant de commencer à façonner des petites boules de la taille d'une noix.

5. Préparez deux assiettes creuses en mélangeant dans la première, les graines de sésame et le miel, et dans l'autre, en déposant les lamelles de pistache.

6. Aplatissez chaque boule délicatement dans la paume de la main, puis passez le biscuit d'un côté dans les pistaches concassées et de l'autre dans les graines de sésame en exerçant une légère pression afin de bien les accrocher à la pâte.

7. Placez les biscuits sur une plaque allant au four et tapissée de papier sulfurisé. Enfournez à 180°c pendant 10 à 15 minutes jusqu'à ce qu'ils soient bien dorés.

8. A la sortie du four, placez-les délicatement sur une grille et laissez-les refroidir avant de déguster, du petit déjeuner au goûter.

Les Barazeks se conservent très bien deux mois dans une boîte hermétique.

Kaak Eid el Kbir
Maamouls

Pour 30 maamouls environ

Impossible de ne pas les citer même s'ils ont plus petits gâteaux que Kaaks mais les anciens continuent encore à les appeler Kaaks eid el kbir ou Kaaks de Pâques !

Ingrédients

LA PÂTE :

500 G **SEMOULE DE BLÉ TRÈS FINE**

500 G **FARINE DE BLÉ À PÂTISSERIE**

450 G **BEURRE CLARIFIÉ**

15 CL **EAU DE ROSE**

15 CL **EAU DE FLEURS D'ORANGER**

2 c. à café **MAHLAB**

LA GARNITURE À LA PISTACHE :

100 G **PISTACHES MONDÉES ET MOULUES GROSSIÈREMENT**

100 G **SUCRE**

1 c. à soupe **EAU DE FLEURS D'ORANGER**

LA GARNITURE AUX NOIX :

100 G **CERNEAUX DE NOIX MOYENNEMENT MOULUES**

2 c. à café **CANNELLE MOULUE**

100 G **SUCRE EN POUDRE**

LA GARNITURE AUX DATTES :

100 G **PÂTES DE DATTES**

2 c. à café **CARDAMOME OU DE BADIANE MOULUE**

30 G **BEURRE**

Préparation

1. Commencez par préparer la pâte :

La veille, mélangez dans un grand récipient les ingrédients de la pâte en rajoutant le beurre au mélange semoule farine épices. Pétrissez doucement en rajoutant petit à petit les eaux florales.

Laissez la pâte reposer sous un linge toute la nuit.

2. Le lendemain reprenez le pétrissage en rajoutant un peu de beurre clarifié et deux cuillères à soupe d'eau tiède. Lorsque la pâte est bien souple Laissez-la reposer encore le temps de préparer les garnitures.

3. Mélangez les pistaches avec le sucre et l'eau de fleur d'oranger.

Répétez l'opération pour la garniture aux noix avec le sucre et la cannelle pour former une pâte homogène.

4. Préparez le mélange dattes, cardamome et beurre.

5. Préparez les moules spéciaux en les huilant bien avec un peu d'huile neutre. Épongez-les avec une feuille de sopalin pour qu'ils soient prêts et lancez-vous.

6. Préparez des petites boules de pâte et déposez à l'intérieur de chacune une petite cuillère à café de farce qu'elle soit aux noix aux pistaches ou au fromage. Déposez l'ensemble dans le moule puis donnez un coup sec pour faire sortir le gâteau.

7. Faites cuire à 180 degrés pendant 20 minutes. Dès la sortie du four, saupoudrez de sucre glace les maamouls pistaches et noix mais pas ceux aux dattes déjà assez sucrées.

Les Kaaks salés

Kaak bi Zaatar

Le Zaatar porte en lui l'âme du levant.
Ces Kaaks très simples à réaliser sont délicieux à toute heure de la journée.

Ingrédients

500 G **FARINE**

7 G **LEVURE SÈCHE ACTIVE**

1 c. à café **SUCRE**

1 c. à café **SEL**

300 ML **EAU TIÈDE**

3 c. à soupe **HUILE D'OLIVE**

1 c. à soupe **LAIT ENTIER**

3 à 4 c. à soupe **ZAATAR VERT TRADITIONNEL**

3 c. à soupe **HUILE D'OLIVE**

Préparation

1. Dans un petit bol, ajoutez la levure, le sucre et l'eau tiède. Mélangez et laissez reposer pendant environ 5 à 10 minutes, jusqu'à ce que le mélange devienne mousseux.

2. Dans un grand bol, mélangez la farine et le sel. Faites un puits au centre et ajoutez-y la levure activée, l'huile d'olive et le lait entier

3. Rajoutez les 3 cuillères à soupe de Zaatar

4. Mélangez bien tous les ingrédients jusqu'à obtenir une pâte homogène .

5. Pétrissez la pâte pendant environ 10 minutes, jusqu'à ce qu'elle devienne lisse et élastique.

6. Couvrez le bol avec un torchon propre et laissez reposer la pâte dans un endroit chaud pendant environ 1 à 1,5 heures, ou jusqu'à ce qu'elle double de volume.

7. Une fois la pâte levée, dégazez-la et divisez-la en petites boules de la taille d'une noix (environ 12-15 boules).

8. Sur une surface légèrement farinée, étalez chaque boule en un petit boudin et façonnez-le en bracelet .

9. Préchauffez votre four à 200°C.

10. Placez les bracelets de pâte garnis de Zaatar sur une plaque de cuisson recouverte de papier sulfurisé.

11. Enfournez et laissez cuire pendant environ 10 à 12 minutes, ou jusqu'à ce que les Ka'ak soient légèrement dorés et cuits à cœur.

12. Laissez refroidir légèrement avant de déguster.

Kaak bi Jebne
Kaak au fromage

Pour XX Kaaks

Ils accompagnaient la fabrication des fromages au lait de brebis parfumés de nigelle. Faits maison, tressés en belles petites nattes (chelals) par des mains expertes venues des villages alentours, ils saluaient chaque année l'arrivée du printemps. Les jours de "fromage", de délicieux parfums de semoule torréfiée, parfumée de nigelle nous faisaient arriver en trombe à la cuisine où les fileuses s'étaient installées dès l'aube face à de larges bassines fumantes avec des grandes cuillères en bois pour remuer sans cesse le mélange lait caséine.

Les petits gâteaux servis dans de grands plateaux encore tièdes représentaient alors notre délice absolu du petit déjeuner.

Ingrédients

500 G **FARINE DE BLÉ BLANCHE TAMISÉE**

100 G **SUCRE BLOND**

1 c. à soupe **LEVURE DE BOULANGER SÈCHE**

1 et ½ c. à café **SEL FIN**

120 ML **PETIT LAIT DE FROMAGE (L'EAU DES SACHETS DE MOZZARELLA DE BUFFALA EST PARFAITE POUR CELA)**

120 ML **LAIT ENTIER TIÈDE**

100 G **BEURRE CLARIFIÉ OU 80 ML D'HUILE VÉGÉTALE NEUTRE**

2 c. à café **GRAINES DE NIGELLE.**

1 **JAUNE D'ŒUF BATTU AVEC 1 C. À SOUPE EAU POUR BADIGEONNER LA SURFACE DES KAAKS**

Préparation

1. Dans un petit bol, ajoutez la levure, le sucre et l'eau tiède. Mélangez et laissez reposer pendant environ 5 à 10 minutes, jusqu'à ce que le mélange devienne mousseux.

2. Dans un grand bol, mélangez la farine et le sel. Faites un puits au centre et ajoutez-y la levure activée, l'huile d'olive et le lait entier.

3. Rajoutez les 3 cuillères à soupe de Zaatar.

4. Mélangez bien tous les ingrédients jusqu'à obtenir une pâte homogène.

5. Pétrissez la pâte pendant environ 10 minutes, jusqu'à ce qu'elle devienne lisse et élastique.

6. Couvrez le bol avec un torchon propre et laissez reposer la pâte dans un endroit chaud pendant environ 1 à 1,5 heures, ou jusqu'à ce qu'elle double de volume.

7. Une fois la pâte levée, dégazez-la et divisez-la en petites boules de la taille d'une noix (environ 12-15 boules).

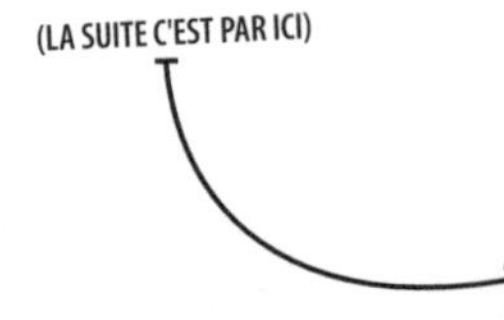

Préparation (suite)

8. Sur une surface légèrement farinée, étalez chaque boule en un petit boudin et façonnez-le en bracelet.

9. Préchauffez votre four à 200°C.

10. Placez les bracelets de pâte garnis de Zaatar sur une plaque de cuisson recouverte de papier sulfurisé.

11. Enfournez et laissez cuire pendant environ 10 à 12 minutes, ou jusqu'à ce que les Ka'ak soient légèrement dorés et cuits à cœur.

12. Laissez refroidir légèrement avant de déguster.

La saga du Levant

petit tour du Levant en Kaak divers

Kaak Asfar d'Alep
Kaaks roue d'or curcuma

Pour 10 pièces

Ils font partie des Kaaks salés qui avaient su nous conquérir enfants par leur couleur chatoyante, leur consistance délicate à la fois tendre et croustillante et surtout leur parfum unique . Ils constituaient notre récompense après la messe du dimanche où une petite promenade en direction d'une des plus anciennes boulangeries artisanales de la ville, clôturait notre pèlerinage hebdomadaire dans le quartier des églises qui appartenaient chacune à un rite différent et se côtoyaient avec bienveillance.

Ingrédients

500 G **FARINE DE BLÉ BLANCHE TAMISÉE**

15 G **LEVURE SÈCHE**

200 ML **EAU TIÈDE**

50 G **SUCRE**

1 c. à soupe **ANIS MOULU**

1 c. à soupe **NIGELLE**

1 c. à café **SEL**

3 c. à soupe **HUILE D'OLIVE OU HUILE VÉGÉTALE NEUTRE**

1 c. à soupe **CURCUMA MOULU**

Préparation

1. Dans un petit bol, mélangez la levure avec l'eau tiède et une cuillère à café de sucre. Laissez reposer pendant 10 à 15 minutes, jusqu'à ce qu'apparaissent les premiers bulles.

2. Dans un grand bol, tamisez la farine, puis ajoutez le sel, le sucre, l'anis moulu et le curcuma. Mélangez bien pour bien répartir les ingrédients secs.

3. Faites un puits au centre de la farine et versez-y le mélange de levure, l'huile d'olive ou l'huile neutre et un peu d'eau tiède. Mélangez et pétrissez bien à la main pendant environ 10 minutes jusqu'à obtenir une pâte lisse et élastique. Si la pâte est trop sèche, ajoutez un peu d'eau, mais il faut qu'elle reste souple et non collante.

4. Couvrez la pâte d'un linge propre et laissez-la lever dans un endroit chaud pendant 1 heure jusqu'à ce qu'elle double de volume.

5. Une fois la pâte levée, dégazez-la et divisez-la en portions de 30 grammes roulées en boules. Roulez chaque boule en un long boudin, puis reliez les extrémités pour former un anneau. Vous pouvez aussi faire des formes ovales ou allongées si vous préférez. Disposez les formes sur une plaque de cuisson recouverte de papier sulfurisé.

6. Préchauffez le four à 180°C. Enfournez les Kaaks pendant environ 20 à 25 minutes, jusqu'à ce qu'ils soient dorés et légèrement croustillants à l'extérieur.

7. Laissez refroidir légèrement avant de déguster. Les Kaaks peuvent être servis tièdes ou à température ambiante.

Les Kaaks Asfar d'Alep sont délicieux accompagnés de fromage frais, de yaourt ou de thé.

Kliga d'Alep
Kaaks pain d'épice

Pour 15 pièces environ

Le Kaak Kliga d'Alep est un biscuit traditionnel syrien, dont les premières recettes ont été retrouvées en Mésopotamie. Particulièrement apprécié et servi le premier jour de l'an, ces parfums anisés au lentisque et à la nigelle associés sont censés parfumer l'année d'ondes généreuses et joyeuses en la plaçant sous les meilleurs augures. La Kliga représente une variation du Kaak tendre qui a l'avantage de se conserver plusieurs semaines.

Ingrédients

500 G **FARINE DE BLÉ BLANCHE TAMISÉE**

200 G **BEURRE CLARIFIÉ**

100 G **SUCRE BLOND**

1 c. à soupe **LEVURE SÈCHE**

½ tasse **LAIT TIÈDE**

1 c. à soupe **GRAINES DE SÉSAME**

1 c. à soupe **MAHLAB**

1 c. à café **GRAINES D'ANIS OU DE FENOUIL**

½ c. à café **CANNELLE**

½ c. à café **GINGEMBRE**

1 pincée **SEL**

1 **GROS CRISTAL DE MASTIC DE LENTISQUE PILLÉ AVEC 1 C. À CAFÉ DE SUCRE GLACE**

1 **JAUNE D'ŒUF MÉLANGÉ À 2 C. À SOUPE DE LAIT TIÈDE**

Préparation

1. Dans un bol, mélangez d'abord la levure sèche avec une cuillère à café de sucre et le lait tiède. Laissez reposer pendant 10 à 15 minutes jusqu'à ce que des bulles apparaissent, indiquant que la levure est activée.

2. Dans un grand bol, déposez la farine et ajoutez le sucre, les graines de sésame, le mahlab, les graines d'anis et de fenouil), la cannelle le gingembre, le sel et le lentisque. Mélangez bien.

3. Ajoutez le beurre fondu au mélange de farine et d'épices et pétrissez jusqu'à ce que le beurre soit complètement incorporé et que la texture devienne sableuse.

4. Ajoutez ensuite le mélange de levure et le lait. Pétrissez la pâte jusqu'à obtenir une consistance homogène. La pâte doit être souple mais pas collante. Si elle est trop sèche, ajoutez un peu plus de lait tiède.

5. Couvrez la pâte d'un torchon propre et laissez-la reposer pendant environ 1 à 2 heures dans un endroit chaud, jusqu'à ce qu'elle double de volume.

6. Une fois la pâte levée, divisez-la en petites portions d'environ 30 g. Façonnez-la en petites boules et disposez-les sur une plaque de cuisson recouverte de papier sulfurisé.

(LA SUITE C'EST PAR ICI)

Préparation (suite)

7. À l'aide d'un pinceau badigeonnez la surface avec le mélange lait œuf battu.
8. Préchauffez votre four à 180°C.
Faites cuire les kaaks pendant 20 minutes jusqu'à ce qu'ils soient dorés sur le dessus et cuits à cœur.
9. Laissez refroidir sur une grille avant de les déguster tièdes.

Ces kaaks se conservent très bien deux semaines
Délicatement parfumés, ces petits gâteaux représentent une véritable invitation à découvrir les saveurs traditionnelles d'Alep.

Kaak el Quds
Kaak de Jérusalem

Pour une quinzaine de Kaaks

Très Populaire au sud Liban ce Kaak dont la recette arrivée en même temps que les migrations des populations palestiniennes en 1948, s'est vite exporté dans toute la région allant de la frontière sud du Liban jusqu'aux confins du Nord Liban. Son appellation lui offre une aura de sainteté qui a certainement participé à son succès.

Ingrédients

500 G **FARINE DE BLÉ BLANCHE ET TAMISÉE**

1 c. à café **SUCRE**

1 c. à café **LEVURE DE BOULANGER SÈCHE**

1 c. à soupe **SÉSAME**

1 c. à café **SEL**

2 c. à soupe **HUILE D'OLIVE**

200 ML **EAU TIÈDE**

50 ML **LAIT ENTIER TIÈDE**

50 G **GRAINES SÉSAME BLANC TORRÉFIÉ**

Préparation

1. Mélangez dans un bol la farine, le sucre le sel. Ajoutez l'huile d'olive et frottez-la bien avec la farine. Dissolvez la levure dans le lait tiède et versez dans la pâte. Pétrissez jusqu'à obtenir une pâte souple et lisse. Laissez reposer pendant 1 heure.

2. Lorsque la pâte est bien levée dégazez-la et découpez-la en portions de 50 g environ.

3. Formez les Kaaks en anneaux ovales ou circulaires semblables à des bagels.

4. Badigeonnez les Kaaks d'eau tiède et saupoudrez-les généreusement de graines de sésame.

5. Préchauffez le four à 200°C et faites cuire les Kaaks pendant 20 minutes, jusqu'à ce qu'ils soient dorés et croustillants.
Servez avec du zaatar ou du fromage.

Sahtein

صحتين *

* Bon appétit

Table des recettes

4. La saga du Levant

Édition : BoD · Books on Demand, 31 avenue Saint-Rémy,
57600 Forbach, bod@bod.fr
Impression : Libri Plureos GmbH, Friedensallee 273,
22763 Hamburg (Allemagne)

Texte : Noha Baz
Illustration de couverture: Florence Cointreau
Mise en page: Louay Daoust
Suivi éditorial : Hanane Moussa

ISBN : 978-2-3225-5915-2
Dépôt légal : Avril 2025